ACHTSAM & KREATIV

DSCHUNGEL

ÜBER 70 MOTIVE ZUM AUSMALEN UND ENTSPANNNEN

Penguin Random House DK

Illustrationen © Shutterstock

Tanor (Cover): Adam Fahey Designs (31, 101): Bananafish (85):
Bekulnis (33, 39, 53, 75, 93): Berry 2046 (87): Maaike Boot (23, 143): Bunny Hunny (67, 83):
Cepera (45, 99): Pat Curly (3, 51, 103, 123): Enfant Terrible (65): Envita (5): Fresher (15, 35):
Incomibile (113): Jeff Bird (125): Khvost (21, 81, 131): Rita Ko (89, 119): Yuriy Kozoriz (63, 107, 137, 141):
Kstudija (63): Natalia Kudryavtseva (37, 95): Lian 2011 (27): Ligko (49): Maryka A (43, 55, 105):
Aleks Melnik (25): Moopsi (41, 97): Moreman (111): Nadya ZHM (7, 133): Neolog (91):
Nip (17, 77, 127): Salome NJ (71, 121): Alena Serdiukova (59, 107, 135):
Olivier Sidney (73, 117): Tanor (9, 139): Tukki (11, 13, 19, 47, 79, 129)

Für die deutsche Ausgabe:
Programmleitung Monika Schlitzer
Projektbetreuung Doreen Wolff
Herstellungsleitung Dorothee Whittaker
Herstellungskoordination Katharina Schäfer
Herstellung Stefanie Staat

Titel der französischen Originalausgabe:
Mini Coloriage Antistress: Jungle

© Hachette Livre (Marabout), 2014

© der deutschsprachigen Ausgabe by
Dorling Kindersley Verlag GmbH, München, 2016, 2022
Ein Unternehmen der Penguin Random House Group
Alle deutschsprachigen Rechte vorbehalten

ISBN 978-3-8310-4463-4

Druck und Bindung Polygraf, Slowakei!

MIX
Aus verantwortungs-
vollen Quellen
FSC® C023577
www.fsc.org

www.dk-verlag.de

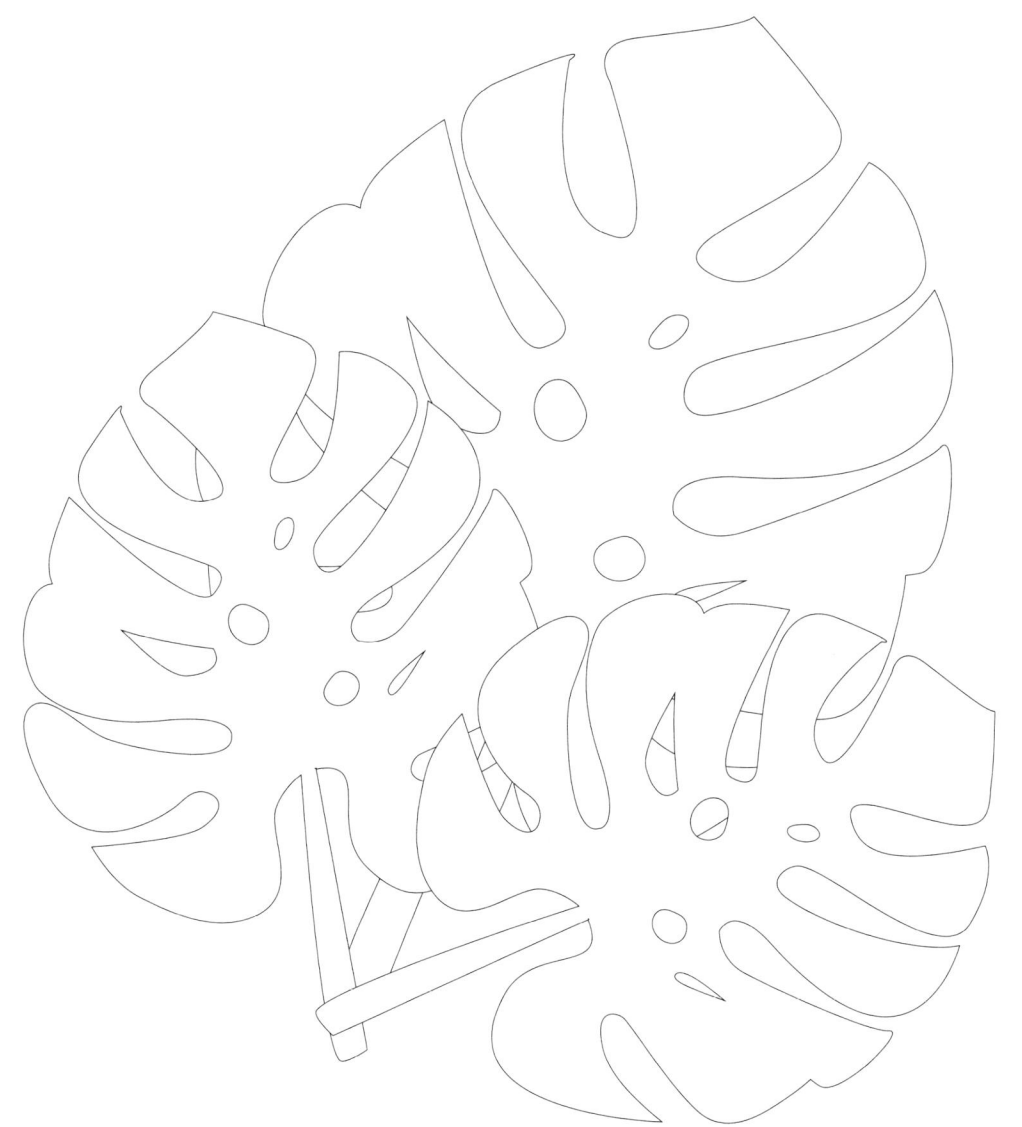